Antibiotika und Cortison haben meine Katze getötet

Eine wahre Geschichte über den fatalen Tunnelblick der Tierärzte

Nikola Schmidt

Antibiotika und Cortison haben meine Katze getötet

Eine wahre Geschichte
über den fatalen Tunnelblick
der Tierärzte

Nikola Schmidt

Originalausgabe

© 2016
Herstellung und Verlag:
BoD – Books on Demand, Norderstedt.

ISBN: 9783743118669

Alle Rechte vorbehalten. Das Werk einschließlich aller seiner Teile ist urheberrechtlich geschützt. Nachdruck, auch auszugsweise, sowie Verbreitung durch Film, Funk, Fernsehen und Internet, durch fotomechanische Wiedergabe, Tonträger und Datenverarbeitungssysteme jeder Art nur mit schriftlicher Genehmigung der Autorin.

Mi, meine kleine süße Mi,
sei sicher, ich vergeß dich nie.
Du warst die artigste Katze der Welt
und machtest doch, was dir gefällt.

Dein Fell war so sanft und seidig,
dein Gang elegant und geschmeidig,
Augen leuchtend wie Bernstein,
selbstbewußt und doch zart und fein.

Ein so liebevolles Kätzchen,
du warst einfach nur ein Schätzchen,
eine Seele von einer Katz
mit einem Stimmchen wie ein Spatz.

Lagst du entspannt auf meinem Bauch,
war relaxt und glücklich ich auch.
Haben wir gekuschelt ein Stück,

es war für mich das größte Glück.

Doch nach viel zu kurzer Zeit

gab ich dir das letzte Geleit.

Ich konnte dich nicht mehr beschützen,

nichts halft, nichts sollte mehr nützen.

Du lebst weiter in meinem Herzen,

doch werde ich es nie verschmerzen;

ich bin dankbar für unsere gemeinsame Zeit,

damals, heute, bis in die Ewigkeit.

Für Döni und Mi

Ich habe euch beide unendlich geliebt, und doch bin ich alleine schuld an eurem Tod. Denn ich alleine habe Mi zu den Tierärzten gebracht.

Niemals habe ich dies gewollt. Doch ist es geschehen.

Ihr fehlt mir unendlich, und der Schmerz wird niemals vergehen.

In tiefer Liebe und Trauer,

Eure „Mama"

Inhaltsverzeichnis

Vorwort..8

Vorgeschichte......................................10

Der fatale Beginn..................................12

Die Operation.......................................18

Stationärer Aufenthalt..........................25

Die Diagnose..32

Mi kommt wieder nach Hause. 35

Erneuter Klinikaufenthalt......................39

Erlösung...42

Döni..44

Nachwort..46

Vorwort

Nun ist es über fünf Jahre her, und ich spüre, es ist die Zeit gekommen, dieses Buch über die traurige Geschichte meiner Katze Mi zu schreiben.

Dieses Buch wird mich viele Tränen kosten. Doch ich möchte und muß es schreiben.

Denn das Schicksal meiner Mi hätte vermieden werden können, würden Tierärzte anders arbeiten.

Und genau dies ist der Grund dafür, daß ich Mis Geschichte hier nun veröffentliche: Ich möchte andere Katzenhalter informieren und warnen; und ich hege die leise Hoffnung, daß auch der eine oder andere Tierarzt dies liest.

Denn der alltägliche gedankenlose Einsatz von Antibiotika kann fatale Folgen haben.

Mi könnte heute noch leben, wäre ich mit ihr nicht zu Tierärzten gegangen.

Vorgeschichte

Döni, mein Kater, und Mi, meine Kätzin, gehörten einfach zusammen. Sie waren Freigänger, Döni war 3 Jahre älter als Mi.

Döni haben wir als Katzenbaby aufgenommen, Mi kam nach etwas über 3 Jahren mit 6 Monaten dazu; wir holten Mi aus dem Tierheim.

Zeit ihres Lebens waren die zwei zusammen, und sie waren wirklich ein Herz und eine Seele.

Mi hatte das Pech, daß sie öfter draußen gebissen wurde. Diese Bisse infizierten sich oft so stark, daß es ihr richtig schlecht ging, sie nicht mehr gegessen hatte, sich einmal gar ein Phlegmon entwickelte, sodaß wir gar keine andere Wahl hatten, als zum Tierarzt zu gehen. Jedes mal bekam Mi Antibiotika.

Heute vermute ich, daß Mi von den Mardern gebissen wurde, die sich gerne in unserem Dachstuhl aufhielten, also nachts sicherlich draußen unterwegs waren. Denn Mi war eine absolut friedfertige Katze.

Mit der Zeit entwickelte Mi Hautauffälligkeiten. Sie hatte den einen oder anderen offenen Hautfleck, der aussah wie eine Wunde, dennoch aber keine Wunde war. Es war nichts Schlimmes, aber es war schon auffällig.

Nicht selten verhielt es sich so, daß es Mi direkt nach den Antibiotikagaben noch einmal weiter sichtbar richtig schlecht ging. Für mich war es deutlich, daß sie negativ auf die Antibiotika reagierte, auch wenn diese ansonsten im Hinblick auf die Entzündung und die Verletzung halfen.

Als ich den behandelnden Tierarzt über meinen Beobachtung bzgl. Antibiotika bei Mi informierte, bekam ich nur die Info „aber das hat sie ja schon einmal erhalten".

Der fatale Beginn

Mi hatte nun zwei auffällige Hautstellen, eine auf der Nase, die andere an ihrem Pfötchen.

Da diese einfach nicht verheilen wollten, beschloß ich, mit ihr einmal einen Tierarzt aufzusuchen, um nach der Ursache zu forschen. Ich wollte ein Blutbild erstellen lassen.

Und so fuhr ich mit Mi zu unserem Haustierarzt. Er selber war nicht da, aber seine Frau, auch Tierärztin. Leider aber konnte diese mit Katzen nicht wirklich gut umgehen. Mi wehrte sich, sie ließ diese Frau nicht an sich heran. Daß es auch anders geht, hatten mir ihr Mann und die dort angestellte Tierärztin längst bewiesen; bei ihnen ließ sich Mi problemlos untersuchen und behandeln.

Eben aber nicht so bei dieser Tierärztin. Ich konnte gar nicht so schnell reagieren, da wurde der Käfig geholt, ein Zwangskäfig. Mi wurde hineingesetzt, dann die eine Käfigseite so dicht an Mi gedrückt, daß sie sich nicht mehr bewegen konnte. Mi bekam eine leichte Narkose, damit weitere Behandlungen möglich wurden.

So wurde ihr Blut entnommen für das Blutbild und, natürlich, Antibiotika gegeben.

Einen Tag später lagen die Blutergebnisse vor. Alle Werte waren o.k., auch sämtliche Organwerte. Erhöht aber waren Entzündungswerte, insbesondere eosinophile Granulome. Dies wunderte mich nun nicht, denn man sah ihrer Haut ja diese Beschwerden an.

Aber auch der Wert für Eisen war auffällig; er war deutlich zu niedrig. Dies machte mich skeptisch. Doch was genau dies bedeuten könnte, alles wäre möglich. Es war also kein deutlicher, aussagekräftiger Wert, nur ein Hinweis.

Die eine Stelle an Mis Nase wurde recht bald besser durch das Antibiotikum. Doch ihr Pfötchen verheilte nicht; dies sah genauso aus wie vorher, ohne Besserung.

Und so ging ich ca. 2 Wochen nach dem ersten Termin noch einmal zum Tierarzt. Diesmal war die sympathische angestellte Tierärztin da, von der ich sehr viel hielt, schon alleine, weil sie sich immer viel Zeit nahm mit Rücksicht auf Katze und Mensch.

Sie war natürlich informiert, was vorher untersucht und gegeben wurde. Und sie wußte, daß ich selber recht skeptisch Medikamenten gegenüber bin, mir der Nebenwirkungen bewußt bin, alles immer auch hinterfrage. Sie schlug vor, wie sie weiter behandeln würde und sagte: „Das böse Wort". Ich verstand nicht gleich, was sie damit meinte. Cortison; sie schlug vor, Mi nun Cortison zu geben, mit den weiteren Worten: „Damit sich alles einmal jetzt beruhigt".

Und so bekam Mi Cortison, ein Depot, das ca. 4 Wochen im Körper blieb.

Zusätzlich sollte Mi eine Weile lang täglich weiter Antibiotika erhalten.

Kurz danach hatte Mi einen riesigen Abszeß im Schulter-Halsbereich. Dieser war schlußendlich so groß wie ein Tennisball. Da Mi Freigängerin ist und so oft ja gebissen wurde, dachte ich, daß genau dies schon wieder geschehen war, sie durch einen Biß nun diesen Abszeß entwickelt hatte.

Mi fing an, weniger zu fressen bzw. schlecht zu fressen. Es ging ihr deutlich nicht gut. Kein Wunder, bei diesem riesigen „Ding".

Der Abszeß ging nicht von selber auf. Und so beschloß ich, mit Mi noch einmal zum Tierarzt zu fahren.

Diesmal war der Tierarzt selber da. Doch es war Samstag, und er sagte, er sei ohne Helferin und möchte daher jetzt den Abszeß nicht öffnen, da er auf einem „gefährlichen Gebiet" säße. Wir sollten Mi einfach weiter Antibiotika geben und Montag wieder kommen.

Und so fuhren wir mit Mi wieder nach Hause. Doch es ging ihr weiter alles andere als gut.

Einen Tag später, also am Sonntag, beschlossen wir, zum Notdienst in die Tierklinik zu fahren. Wir wurden von einer sehr jungen Tierärztin begrüßt. Diese sah sich Mi und „das Ding" an und meinte, sie sei sich sehr sicher, daß es ein Abszeß wäre und würde diesen nun öffnen.

Mi bekam (wieder) eine leichte Narkose. Die Tierärztin holte einen Rasierapparat (!) heraus und rasierte den Abszeßbereich. Dann öffnete sie ihn mit einem Messer. Es floß eine riesige Menge Eiter heraus.

Wir waren erleichtert und dachten natürlich, nun wäre alles gut. Die Tierärztin riet uns, den Abszeß offen zu halten und immer wieder auszudrücken. Er durfte sich nicht zu schnell schließen, damit wirklich sämtlicher Eiter abfließen konnte.

Die Operation

11 Tage nach der Abszeß-Öffnung in der Tierklinik war der Abszeß wieder da. Er hatte sich doch geschlossen und war wieder gefüllt, groß, riesig. Genau so, wie vorher schon einmal.

Und so fuhr ich mit Mi erneut zum Tierarzt, diesmal wieder zu unserem Haustierarzt. Ich erzählte von der vorherigen Öffnung in der Tierklinik, er sah aber natürlich, daß der Abszeß sich wieder gebildet hatte.

Unsere Mi bekam erneut eine leichte Narkose, der Abszeß wurde zum zweiten Mal geöffnet.

Und, natürlich, sie bekam einmal wieder Antibiotika.

Nebenbei, die anderen Hautauffälligkeiten waren auch noch vorhanden. Doch im Moment war natürlich dieser ewige Abszeß das Hauptthema, das angegangen werden mußte.

Unsere Mi fraß weiterhin alles andere als gut.

Nur drei Tage nach der erneuten Öffnung ging es schon wieder weiter, wieder die Abszeßbildung an der gleichen Stelle.

Es war Sonntag, wieder der riesige Abszeß, Mi frißt kaum. Also wieder zur Tierklinik zum Notdienst.

Diesmal war eine andere Tierärztin da, ich nenne sie hier die „Haupttierärztin". Sie konnte den Abszeß noch so öffnen und weiter Eiter ausdrücken. Ferner machte sie eine Wundbehandlung und legte Mi einen Verband um.

Wir vereinbarten, daß wir nun regelmäßig mit Mi kamen, damit der Verband regelmäßig gewechselt werden konnte.

Und so waren wir zwei Tage später wieder in der Klinik, wieder eine andere Tierärztin.

Doch keiner kam weiter mit Mis Beschwerden. Denn sie hatte ja nicht nur den Abszeß, sondern auch die weiteren Hautstellen, insbesondere die Stelle am Pfötchen. So wurde uns für den nächsten Tag ein Termin mit der dort arbeitenden „Hautexpertin" vorgeschlagen.

Nächster Tag, wieder mit Mi zur Tierklinik. Wieder Wundbehandlung und Verbandswechsel.

Dann kam die „Hautexpertin", auch eine Tierärztin. Sie sah sich Mi an, sagte so gut wie nichts, fragte so gut wie nichts, schlug eine Operation der Abszeßstelle vor.

Verzweifelt wie ich war, Mi so leidend sehend, keine andere Lösung parat, stimmte ich der

Operation am nächsten Tag zu.

Und so saß ich dann am nächsten Tag wieder mit Mi in der Tierklinik, im Wartezimmer. Ich war mehr als den Tränen nahe.

Wir wurden aufgerufen. Ich bestand darauf, bei der Narkose für die Operation dabei zu sein, bei Mi zu sein. Begeisterung ist etwas anderes, aber ich durfte mit in das nächste Haus, wo die Operationen stattfinden, mit Mi zusammen dorthin kommen, begleitet vom Tierarzt. Wieder warten.

Dann kam eine Helferin dazu, und der Tierarzt, der operieren würde, nebenbei der Chef der Klinik, sagte, er würde bei der Gelegenheit Hautproben entnehmen, vom Abszeßbereich und von der Stelle an der Pfote, die auch wieder sehr auffällig war.

Mi bekam in meiner Anwesenheit die Narkose, dann trugen sie sie weg.

Ich fuhr nach Hause.

Nicht viel später kam ein Anruf vom operierenden Tierarzt. Er sagte, er gehe davon aus, daß er diesen einen betroffenen Zeh sehr wahrscheinlich amputieren müsse. Ich willigte ein, wenn dies wirklich erforderlich wäre. Ein fehlender Zeh, damit könne Mi umgehen.

Noch einmal später erhielt ich dann den Anruf, nach der Operation, daß wir Mi abends wieder abholen konnten, was wir natürlich taten.

Also fuhren wir am Abend wieder zur Tierklinik. Der Tierarzt, der operiert hatte, sprach direkt mit uns. Er sagte, er hätte nichts amputiert. Das war natürlich gut. Er sagte aber auch, er habe deshalb nicht amputiert, weil Mi ja diverse auffällige Hautstellen hatte. Kein Kommentar...

Und dann meinte er noch, sein Verdacht wäre, daß es sich um lauter Tumore handeln würde bei all diesen Hautstellen.

Also lauter Verdachtsmomente und Vermutungen, alles andere als eine wirkliche Diagnose. Alles war unklar. Mi war operiert. Sie hatte zwei Verbände, einen im Schulterbereich, wo der Abszeß war, den zweiten am Pfötchen, wo die andere auffällige Stelle war bzw. ist.

Und so fuhren wir mit unserer kleinen Mi wieder nach Hause.

Der kleinen Maus aber ging es nun wirklich schlecht. Sie war taumelig, fraß natürlich nicht, es ging ihr einfach elendig.

Verzweifelt wie wir weiter waren, nicht wissend, wie wir ihr sonst helfen konnten, fuhren wir mit Mi abends erneut in die Tierklinik.

Und als wir einmal wieder beim Notdienst klingelten und kurz erzählten, was war und wie es ihr ging, da sagte uns die Haupttierärztin, die Notdienst hatte, doch tatsächlich: „Hatte ich doch gesagt, daß es zu früh war, sie gleich nach der Operation nach Hause zu nehmen".

Sprachlosigkeit von uns hin oder her – der Operateur hatte uns gesagt, daß wir sie wieder nach Hause holen konnten! Und klar, daß wir unsere Katze doch zu Hause haben wollten, damit sie bei uns ist und wir für sie da sein können.

Und so ließen wir Mi schweren Herzens in der Klinik.

Stationärer Aufenthalt

An nächsten Morgen fuhren wir wieder in die Tierklinik zu unserer Mi. Es war wieder eine andere Tierärztin da.

Da es Mi weiterhin nicht gut ging, wurde sie nun offiziell in der Klinik stationär aufgenommen.

Mi bekam dort Dauerinfusionen und täglich einen Verbandswechsel. Mir wurde gesagt, daß Mi sich immer heftig wehrte bei den Behandlungen. Nun, ich konnte es verstehen...

Auf meine Nachfrage, was Mi denn mit den Infusionen genau bekommt, bekam ich die Antwort: Flüssigkeit, Schmerzmittel und Antibiotika.

Nun bekam sie ja auch Futter in der Klinik. Mi

hatte bei uns schon, mein Fehler, durch Trockenfutter Harngrieß bekommen.

Zum Glück dachten wir hieran und fragten, was Mi denn in der Klinik zu fressen bekommen würde, Trocken- oder Feuchtfutter. Die Antwort war: „beides".

Ich informierte die Tierärztin sofort, daß Mi von Trockenfutter Harngrieß bekommt und bat eindringlich, ihr dies nicht zu geben.

Am nächsten Tag durften wir Mi wieder abholen, denn ich bekam die Info, daß sie in der Klinik fraß, und dies war in dieser Situation jetzt erst einmal das Wichtigste.

Endlich war unsere Kleine wieder zu Hause, umwickelt mit diversen Verbänden.

Doch sie fraß nicht! Sie lag nur da, war zu nichts zu bewegen, rührte nichts an Futter an.

In der Klinik aber hatte sie gefressen, so wurden wir zumindest informiert.

Für mich hieß dies, daß ihr die Infusionen dort gut taten, sie daher in der Klinik fraß, zu Hause aber nicht.

Und so brachten wir unsere Mi schweren Herzens, aber in der Hoffnung, daß es ihr dort wieder besser ging und es die richtige Entscheidung war, nachts zum Notdienst wieder in die Tierklinik.

Mi wurde wieder stationär aufgenommen.

Ich besuchte sie jeden Tag.

Es war aber auch so, daß Mi sich bei den Tierärzten, beim Verbandswechsel, so heftig wehrte, daß sie manchmal gar eine Narkose bekam!

Und so schlug ich den Tierärzten vor, daß ich daher jeden Tag komme und wenn ich da bin, Mi die Verbände gewechselt werden. Denn wenn ich da bin, ist Mi ruhig, denn sie vertraut mir natürlich.

So machten wir es. Jeden Tag war ich bei Mi, durfte Zeit mit ihr verbringen. Jeden Tag wurden die Verbände gewechselt.

Und jeden Tag war ein anderer Tierarzt da! Wir müssen sämtliche Tierärzte der Klinik kennen gelernt haben; und es waren so einige...

Das Ergebnis der Biopsie der Gewebeproben, die bei der Operation entnommen wurden, aber war immer noch nicht da. Es war ein langes Warten, viele Tage. Dies aber war wichtig, denn nur dann konnte man genau wissen, was die Ursache für Mis Beschwerden ist, was sie wirklich hat. So lange mußte sie in der Klinik bleiben, Infusionen bekommen.

Bei jedem Besuch in der Klinik sprach ich die jeweilige Tierärztin auf die Antibiotika an, die Mi mit den Infusionen enthielt. Jedes Mal erhielt ich die Antwort, daß Antibiotika sein müßten.

Als es mir einmal wirklich reichte, diese ewigen Antibiotika-Diskussionen mit dem gleichen nicht zufrieden stellenden Ergebnis, sagte ich der, wieder neuen, behandelnden Tierärztin, daß man doch bitte sieht, daß die Antibiotika nicht helfen, denn sämtliche Hautstellen waren nach wie vor vorhanden bzw. deutlich noch schlimmer. Und ich bekam hier dann doch tatsächlich diese Antwort: „Dann geben wir es eben vorsichtshalber".

Jeden Tag ein anderer Tierarzt, meistens junge Frauen. Jeden Tag der Verbandswechsel. Man mag nicht glauben, was ich auch in dieser Hinsicht hier alles erlebt habe.

Mi hatte ja einen Verband um den

Schulterbereich. Eine Tierärztin machte den Halswickel tatsächlich so unprofessionell, daß Mi aussah, als wäre sie in einen dicken Wollschal gewickelt. Es war so unmöglich, daß ich darauf hinwies, daß das doch ein wenig viel Wickel wäre und so nicht ginge. Der Verband wurde daraufhin erneuert.

An einem anderen Tag, eine weitere neue Tierärztin, bekam diese den Verband um ihr Pfötchen nicht ab. Es dauerte Minute um Minute, der Tierärztin gelang es nicht, Mi diesen Verband zu entfernen. Bis es Mi reichte, sie einfach ihr Pfötchen schüttelte, und der Verband so von selber abfiel.

Weil die Tierärzte in dieser Klinik nicht weiter kamen, wir natürlich sehr verzweifelt waren, riefen wir einmal bei einer anderen Tierklinik an. Wir sagten, daß unsere Katze in der Klinik ist, die Tierärzte dort aber nicht weiter kommen, unserer Katze nicht wirklich helfen können. Und wir bekamen von dieser anderen Tierklinik doch tatsächlich diese Antwort: „Nun, wenn die nicht weiter kommen, werden wir es auch nicht. Wir würden hier genau das Gleiche tun, was jetzt dort in der Klinik gemacht wird".

Die Diagnose

Endlich lag nun das Ergebnis der Biopsie vor, sechs Tage nach der Operation.

Das Ergebnis war: Mi hatte einen Pilz!

Und auf einmal sagte uns die Haupttierärztin, daß Mi nun kein Antibiotikum mehr bekommt.

Ich freute mich natürlich. Endlich hatte man auf mich gehört. Daß dies aber einen ganz anderen Grund hatte, konnte ich damals noch nicht ahnen.

Noch war Mi in der Klinik, ich besuchte sie weiter täglich. Einmal war die junge Tierärztin da, die Mi ganz zu Anfang im Notdienst den Abszeß geöffnet hatte. Sie sagte: „Na, da ist ja einiges passiert in der Zwischenzeit". Wohl war.

Sie schaute sich das aktuelle Blutbild an und wunderte sich: „Warum aber bekommt sie denn keine Antibiotika, bei all den Entzündungswerten?" Nun war auch die Haupttierärztin da, schaute die junge Tierärztin ab, sagte nur irgendetwas Abweisendes.

Heute weiß ich warum.

Zuhause fingen wir nun an zu recherchieren. Pilz bei Katzen. Und wir kamen auf folgenden Zusammenhang: Antibiotika können einen Pilz auslösen. Und Cortison bringt den Pilz dann so richtig zum Blühen. Und genau dies war bei Mi geschehen! Dann bekam sie weiter und weiter Antibiotika. Der Pilz wurde so regelrecht am Leben gehalten und gefördert.

Kein Tierarzt hat dies erkannt. Kein Tierarzt hat dies erahnt. Kein Tierarzt hat sich einmal weitergehende Gedanken gemacht.

Im Gegenteil, sämtliche unzählige Tierärzte gaben weiter und weiter Antibiotika, weil die

Schulmedizin dies eben so macht. Und dies trotz meiner täglichen kritischen Bemerkungen.

Nun aber war klar, warum Mi jetzt auf einmal kein Antibiotikum mehr bekam.

Mi kommt wieder nach Hause

Zwei Tage nach der Diagnose durften wir Mi wieder nach Hause mitnehmen.

Nachdem mehrere (...) bzw. tägliche Blutuntersuchungen gemacht wurden, bekamen wir nun die Medikamente für Mi mit: Ein Medikament gegen Pilz, ein Mittel für ein „Fußbad" gegen Pilz für ihr betroffenes Pfötchen und ein Schmerzmittel.

Wir fragten, warum denn wieder und wieder ein Blutbild gemacht wird, zumal die Werte sich ja nicht täglich extrem ändern können. Nun, die Antwort war, daß das Pilzmedikament die Nieren angreifen könne und die Tierärztin sicher sein wollte, daß ihre Nieren (noch) o.k. sind.

Dies war für uns Warnung genug, und wir nahmen uns vor, ganz genau den Beipackzettel zu studieren.

Mi hatte weiter zwei Verbände, den einen um die Schulter, also um ihren Körper, den zweiten um ihr Pfötchen.

Und sie hatte eine Drainage unter dem oberen Verband, damit weiter Eiter, Entzündungsflüssigkeit und Sonstiges abfließen könne, sich also nicht wieder ein Abszeß an der Stelle bilden konnte.

Wir sollten nun Mi selber täglich die Verbände wechseln und ihr die Medikamente geben.

Nebenbei äußerte sich die Tierärztin, daß es sich ja doch nicht um einen Tumor bzw. mehrere Tumore handelte. Ach.

Mi war nun zwar wieder zu Hause, wir sollten eigentlich alle glücklich sein, doch Mi ging es alles andere als gut. Sie tat mir so leid. Meine kleine süße Katze. Sie war absolut kraftlos, apathisch, starrte nur vor sich hin.

Sie hatte ja auch so viel mitgemacht, all die Medikamente, der lange Klinikaufenthalt. All dies konnte sie nur geschwächt haben.

Wir lesen uns also in Ruhe den Beipackzettel des Medikamentes gegen Pilz durch. Es ist für uns sofort ohne Frage, dieses werden wir ihr definitiv nicht geben. Das wäre eine weitere extreme Körperbelastung mit starken Nebenwirkungen. Nein, niemals.

Zufällig entdecke ich bei einem Apothekenbesuch eine Auslage mit der Aufschrift: „Rein natürlich – gegen Bakterien, Viren, Pilze". Es handelte sich um kolloidales Silber. Sofort nehme ich eine Flasche mit und den kleinen Infozettel.

Ich sprühe es Mi zu Hause auf ihre betroffene Pfotenstelle und kann regelrecht zusehen, wie das Pfötchen besser wird. Wie gut! Wie schön! Wir haben eine Alternative gegen den Pilz gefunden, ohne Nebenwirkungen, ganz natürlich.

Doch Mi geht es weiter ganz schlecht. Sie bleibt apathisch und kraftlos. Und sie frißt nicht. Ich beschließe, Mi nun zwangszuernähren. Aber auch dies ist leider alles andere als einfach.

Erneuter Klinikaufenthalt

Vier Tage war unsere kleine Mi bei uns Zuhause. Ich durfte bei ihr sein, für sie da sein. Doch ich konnte ihr nicht wirklich helfen. Es ging ihr weiter nicht gut, sie fraß weiter nichts, war kraftlos und schwach.

Ich wollte und konnte nicht weiter zusehen, wie sie sich hier so quälte, wie sie litt.

Und so beschloß ich, Mi doch wieder in die Klinik zu bringen, schweren Herzens, aber ich hatte das Gefühl, daß dies doch die einzige Chance wäre, daß es ihr besser ging, und sei es durch weitere Infusionen.

Ich nahm das kolloidale Silber mit und bat die Haupttierärztin, Mi dies zu geben. Diese sagte: „Ich weiß, daß das bei so etwas gegeben wird, hier aber wird so was nicht verwendet".

An meine Sprachlosigkeit hatte ich mich langsam gewöhnt.

Der Cheftierarzt, der Mi operiert hatte, schaute sich Mi ebenfalls erneut an und meinte, man müsse ihr Beinchen wohl amputieren. Sie würden dies in der Klinik noch einmal besprechen.

Einen Tag später rief die Haupttierärztin mich an. Sie sagte, es gäbe jetzt nur noch zwei Möglichkeiten: entweder, wir lassen ihr Beinchen amputieren, oder wir müssen uns entscheiden, sie erlösen zu lassen.

Die Tränen, die mir jetzt kommen, sie kamen natürlich auch damals beim Telefonat.

Wir haben uns zu Hause zwar kurz besprochen, aber es war für uns sofort ganz klar, daß natürlich eine Katze mit drei Beinchen sicherlich gut zurecht kommt, Mi aber niemals in ihrem so geschwächten

Zustand eine Operation schaffen würde. Es war für uns klar, daß wir sie nicht operieren lassen.

Erlösung

Einen Tag später fuhren wir wieder in die Klinik, schweren Herzens, mit schwerem Gang.

Mi, die sich sonst immer so heftig gewehrt hatte, ließ sich problemlos von der Helferin aus dem Korb nehmen, so schwach war sie.

Unsere kleine Mi war nur noch ein Häufchen Elend. Ich wußte genau, daß dies jetzt die einzig richtige Entscheidung war, damit Mi nicht mehr leiden muß.

Wir liebkosten sie noch einmal, durften noch eine Weile mit ihr alleine sein.

Und dann kam die Haupttierärztin, und ich gab das O.k.

Mi schlief sofort für immer ein, sobald der

tödliche Stoff sie erreichte, so schwach war sie.

Unsere kleine Mi, was für ein Leid mußtes Du ertragen. Verzeih mir, niemals habe ich dies gewollt.

Mi wurde gerade einmal 7 Jahre alt.

Döni

Mein geliebter Kater Döni starb elf Tage vor unserer Mi.

Er hatte zeitgleich einen schnell wachsenden, bösartigen, nicht operablen Tumor am Kiefer entwickelt. Zum Schluß konnte er nichts mehr fressen.

Es war die schlimmste Zeit in meinem bisherigen Leben. Beide Katzen so krank, beide Katzen starben.

Ich spürte schon früh, daß ich Schlimmes erwarten mußte, als ahnte ich es.

Döni und Mi gehörten zusammen. Sie waren ein Herz und eine Seele. Döni wußte, daß Mi sterben würde; er war schon immer ein absolut sensitiver und feinfühliger Kater. Ohne seine Mi wollte er alleine nicht weiter leben.

Nun sind die zwei für immer zusammen.

Nachwort

Mis traurige Geschichte hätte ganz klar verhindert werden können, wäre nur ein Tierarzt anders an alles heran gegangen, hätte nur ein Tierarzt nachgedacht und mitgedacht, hätte nur ein Tierarzt einmal überlegt, was die eigentliche Ursache für Mis Beschwerden sein könne, hätte nur ein Tierarzt einmal verstanden, daß Antibiotika nicht das „Allheilmittel" sind, daß sie den Körper belasten und Nebenwirkungen haben können. Nicht ein Tierarzt hat sich bewußt gemacht, daß es Mi immer schlechter und schlechter ging, trotz der Medikamente, trotz Antibiotika. Nicht ein Tierarzt kam darauf, daß Mi von Anfang an falsch behandelt wurde und weiter die gesamte Zeit weiter falsch behandelt wurde.

Und es waren unzählige Tierärzte, die Mi behandelt hatten.

Wir haben über 2.000 Euro ausgegeben für

die schleichende Tötung unserer geliebten Katze.

Natürlich hat kein einziger Tierarzt all dies bewußt gemacht. Doch ebenso hat auch kein Tierarzt einmal hinter die „Kulisse der Schulmedizin" geschaut.

Ich möchte mit diesem Bauch aufrütteln und aufwachen lassen, Tierärzte wie Tierhalter.

Hätte ich gar nichts gegen die Hautstellen von Mi anfangs unternommen, sie waren nicht schlimm und Mi konnte prima damit leben, nichts wäre weiter passiert, Mi würde noch leben.

Und das kolloidale Silber beweist, daß es immer auch Alternativen gibt, Alternativen zu all den Medikamenten, die immer und ausnahmslos den Körper belasten und Nebenwirkungen haben.

Liebe Tierärzte, bitte vergeßt nie, auch einmal ganzheitlich an alles heranzugehen, auch einmal die Schulmedizin in frage zu stellen, alternative Wege zu gehen, vor allem aber nicht immer starrköpfig sture Wege zu gehen, weil es in der Schulmedizin eben so gemacht wird.

Liebe Katzenhalter, es gibt immer auch Alternativen. Vertrauen Sie niemals blind Ihrem Tierarzt, wenn es Ihrer Katze trotz oder bei einer entsprechenden Behandlung nicht besser oder gar schlechter geht. Dies zeigt immer, daß es der falsche Weg ist.